ITALIANO

SUPPORTO GREIF PER I BAMBINI

AMICI PER SEMPRE: UNA STORIA D'AMORE E DI PERDITA

MARCY SCHAAF

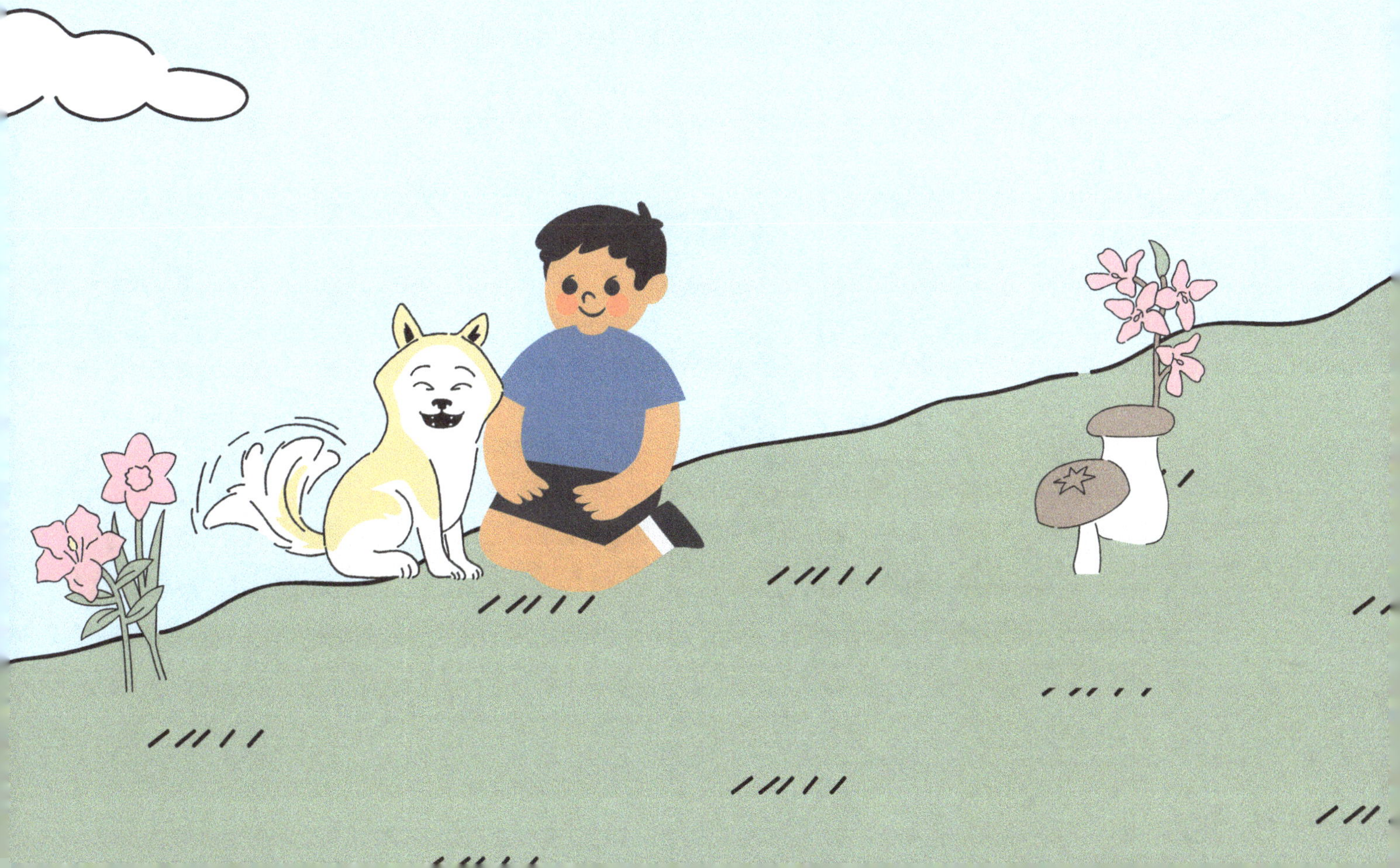

FOREVER FRIENDS: A TALE OF LOVE AND LOSS

MARCY SCHAAF

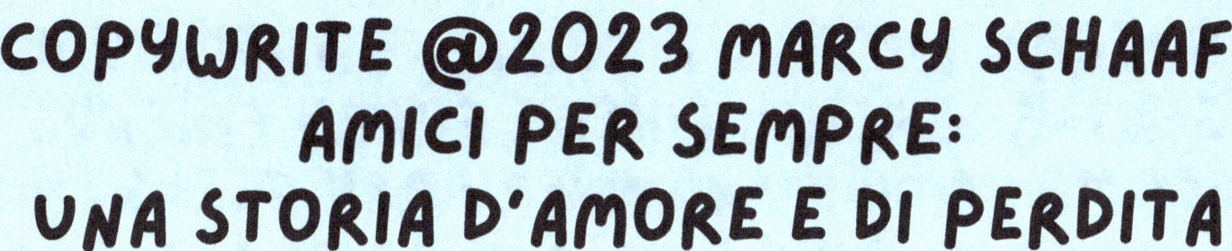

IN A WHIMSICAL WORLD WHERE LOVE KNOWS NO BOUNDS, AND LAUGHTER DANCES ON THE BREEZE, WE FIND A TOWN NESTLED BY A GENTLE STREAM, WHERE FURRY FRIENDS BECOME FAMILY AND EVERY DAY FEELS LIKE A DREAM. IN THIS ENCHANTING PLACE, OUR STORY UNFOLDS, WHERE A PUP NAMED BENNY AND HIS BEST FRIEND TIM WILL TEACH US LESSONS THAT ARE GOLDEN. WITH RHYMES AND COLORS, AND A TOUCH OF DR. SEUSS, JOIN US NOW IN A HEARTWARMING TALE, "FOREVER FRIENDS: A TALE OF LOVE AND LOSS," WHERE LOVE AND FRIENDSHIP WILL SET YOUR HEARTS AFLOAT, AND WHERE EVEN WHEN GOODBYES ARE SAID, THE BOND OF LOVE WILL NEVER FADE, WE'LL ALWAYS HOLD IT CLOSE.

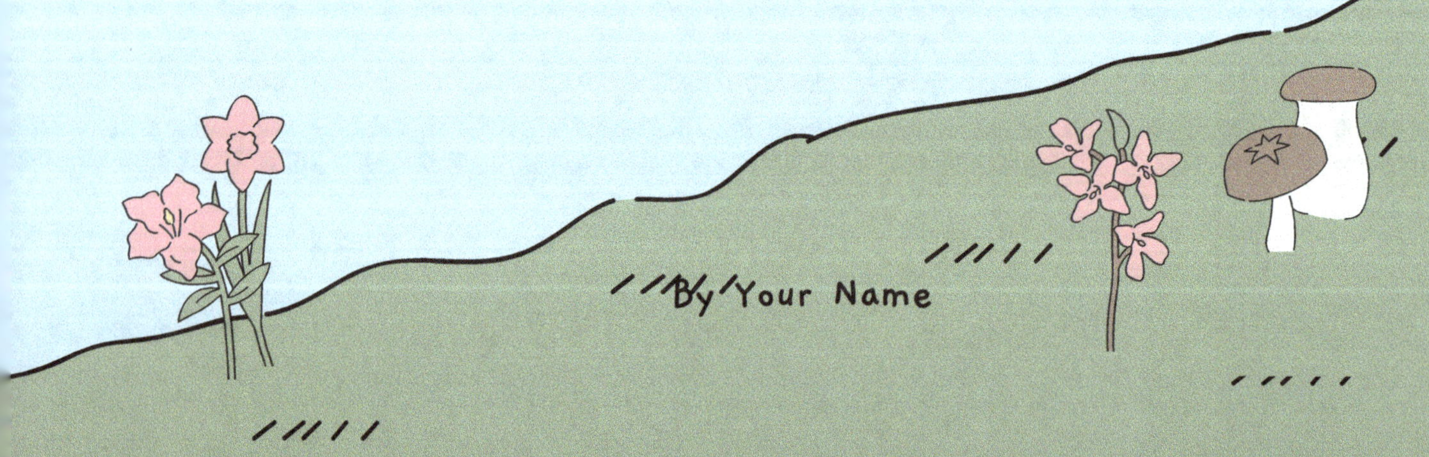

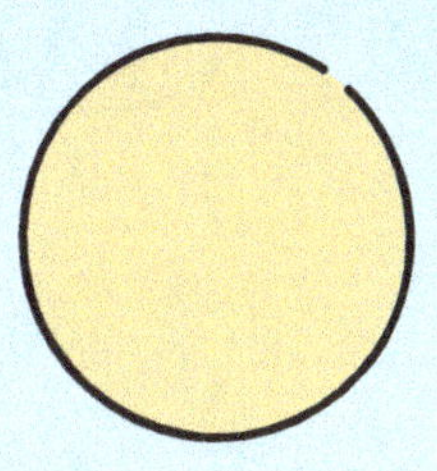

IN UN MONDO STRAVAGANTE DOVE L'AMORE NON CONOSCE LIMITI E LE RISATE DANZANO NELLA BREZZA, TROVIAMO UNA CITTÀ ANNIDATA DA UN DOLCE RUSCELLO, DOVE GLI AMICI PELOSI DIVENTANO UNA FAMIGLIA E OGNI GIORNO SEMBRA UN SOGNO. IN QUESTO LUOGO INCANTEVOLE SI SVOLGE LA NOSTRA STORIA, DOVE UN CUCCIOLO DI NOME BENNY E IL SUO MIGLIORE AMICO TIM CI INSEGNERANNO LEZIONI D'ORO. CON RIME E COLORI, E UN TOCCO DEL DR. SEUSS, UNISCITI A NOI ORA IN UN RACCONTO COMMOVENTE, "FOREVER FRIENDS: A TALE OF LOVE AND LOSS", DOVE L'AMORE E L'AMICIZIA METTERANNO A GALLA I VOSTRI CUORI, E DOVE ANCHE QUANDO VERRANNO DETTI ADDII , IL LEGAME D'AMORE NON SVANIRÀ MAI, LO TERREMO SEMPRE STRETTO.

FOREVER FRIENDS: A TALE OF LOVE AND LOSS

AMICI PER SEMPRE: UNA STORIA D'AMORE E DI PERDITA

IN A TOWN BY A STREAM,
WHERE THE GRASS WAS SO GREEN,
LIVED A PUP NAMED BENNY,
THE HAPPIEST SEEN.

IN UNA CITTÀ VICINO A UN RUSCELLO, DOVE L'ERBA ERA COSÌ VERDE, VIVEVA UN CUCCIOLO DI NOME BENNY, IL PIÙ FELICE MAI VISTO.

HIS FUR WAS ALL FLUFFY,
HIS TAIL, A PROUD CURL,
WITH EYES FULL OF MISCHIEF
AND ONE FLOPPY EAR TWIRL.

LA SUA PELLICCIA ERA TUTTA SOFFICE, LA SUA CODA, UN RICCIOLO ORGOGLIOSO, CON GLI OCCHI PIENI DI MALIZIA E UN ORECCHIO FLOSCIO CHE VOLTEGGIAVA.

BENNY'S OWNER, YOUNG TIM.
WAS HIS VERY BEST FRIEN
TOGETHER THEY PLAYED
A BOND THAT WON'T END.

By Your Name

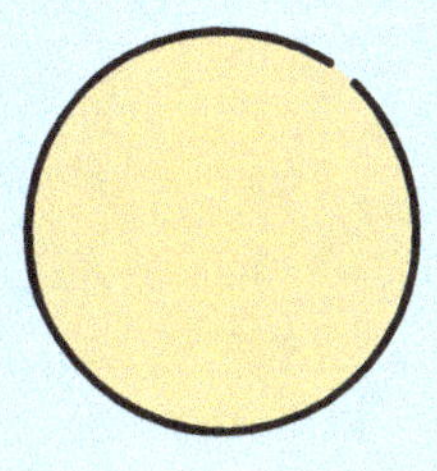

IL PROPRIETARIO DI BENNY, IL GIOVANE
TIM, ERA IL SUO MIGLIORE AMICC
GIOCAVANO, UN LEGAME CHE NO

THEY'D CHASE AFTER FRISBEES
AND CLIMB UP A HILL,
AND NO MATTER WHAT HAPPENED,
THEY'D NEVER SIT STILL.

INSEGUIVANO I FRISBEE E SI
ARRAMPICAVANO SU UNA COLLINA, E
QUALUNQUE COSA ACCADESSE, NON
STAVANO MAI FERMI.

BUT AS SEASONS PASSED BY,
BENNY STARTED TO SLOW,
HIS ENERGY WANED,
AND HIS ONCE-SHINY GLOW.

MA CON IL PASSARE DELLE STAGIONI, BENNY INIZIÒ A RALLENTARE, LA SUA ENERGIA SCEMÒ E IL SUO SPLENDORE UN TEMPO SPLENDENTE.

THE VET HAD SOME NEWS
THAT WAS HEAVY TO BEAR.
BENNY'S TIME WAS NEAR,
AND IT FILLED THE AIR.

IL VETERINARIO AVEVA DELLE NOTIZIE PESANTI DA SOPPORTARE, IL MOMENTO DI BENNY ERA VICINO E RIEMPIVA L'ARIA.

WITH A TEAR IN HIS EYE,
TIM HUGGED BENNY TIGHT,
"I'LL LOVE YOU FOREVER,
DAY AND NIGHT."
BENNY'S TAIL WAGGED,
AND HE GAVE A SOFT BARK,
"REMEMBER OUR MOMENTS,
EVEN WHEN IT'S DARK."

CON UNA LACRIMA NEGLI OCCHI, TIM ABBRACCIÒ FORTE BENNY: "TI AMERÒ PER SEMPRE, GIORNO E NOTTE".

LA CODA DI BENNY SCODINZOLÒ E ABBAIÒ PIANO: "RICORDA I NOSTRI MOMENTI, ANCHE QUANDO È BUIO".

AS BENNY LAY PEACEFULLY
UNDER THE SKY,
TIM WHISPERED, "GOODBYE,"
WITH A HEARTFELT SIGH.

MENTRE BENNY GIACEVA PACIFICAMENTE
SOTTO IL CIELO, TIM SUSSURRÒ:
"ARRIVEDERCI", CON UN SOSPIRO SINCERO.

THE DAYS BECAME QUIET,
NO MORE JOYFUL PLAY,
BUT MEMORIES OF BENNY
WOULD NEVER FADE AWAY.

I GIORNI DIVENNERO TRANQUILLI, NIENTE PIÙ GIOCHI GIOIOSI, MA I RICORDI DI BENNY NON SAREBBERO MAI SVANITI.

TIM THOUGHT OF THEIR LAUGHTER,
THEIR LOVE, AND THEIR FUN,
THE ADVENTURES THEY'D HAD
UNDER THE WARM SUN..

TIM PENSÒ ALLE LORO RISATE, AL LORO AMORE E AL LORO DIVERTIMENTO, ALLE AVVENTURE CHE AVEVANO VISSUTO SOTTO IL CALDO SOLE...

He knew it was time
to find a new friend,
a pet who'd bring joy,
to the very end.

SAPEVA CHE ERA GIUNTO IL MOMENTO
DI TROVARE UN NUOVO AMICO, UN ANIMALE
DOMESTICO CHE GLI AVREBBE PORTATO
GIOIA, FINO ALLA FINE.

AT THE SHELTER,
HE MET A CAT NAMED LOU,
WITH BRIGHT, SPARKLY EYES,
AND A SOFT, GENTLE MEW.

AL RIFUGIO, HA INCONTRATO UN GATTO DI NOME LOU, CON OCCHI LUMINOSI E SCINTILLANTI E UN MIAGOLIO DOLCE E GENTILE.

THEY TOOK TO EACH OTHER,
LIKE A HAND IN A GLOVE,
A FRIENDSHIP SO PERFECT,
SENT FROM ABOVE.

SI ABBRACCIARONO, COME UNA MANO IN UN GUANTO, UN'AMICIZIA COSÌ PERFETTA, TRASMESSA DALL'ALTO.

LOU AND TIM PLAYED,
SIDE BY SIDE, EVERY DAY,

THEIR LAUGHTER AND LOVE CHASED
THE GLOOMY CLOUDS AWAY.

LOU E TIM GIOCAVANO FIANCO A FIANCO OGNI GIORNO,
LE LORO RISATE E IL LORO AMORE SCACCIARONO LE NUVOLE CUPE.

THOUGH BENNY WAS GONE,
HIS SPIRIT LIVED ON,
IN THE LOVE THAT THEY SHARED,
A BOND NEVER GONE.

ANCHE SE BENNY SE N'ERA ANDATO, IL SUO SPIRITO CONTINUAVA A VIVERE, NELL'AMORE CHE CONDIVIDEVANO, UN LEGAME MAI ANDATO VIA.

AND THE TOWN BY THE STREAM,
WHERE THE GRASS WAS SO GREEN,
WAS FILLED WITH LOVE,
AS BRIGHT AS CAN BE SEEN.

E LA CITTà VICINO AL RUSCELLO, DOVE L'ERBA ERA COSÌ VERDE, ERA PIENA D'AMORE, COSÌ LUMINOSA COME SI PUÒ VEDERE.

THE LESSON THEY LEARNED,
IN THAT SMALL, LITTLE TOWN,
IS THAT LOVE NEVER LEAVES;
IT STICKS AROUND.

LA LEZIONE CHE HANNO IMPARATO, IN QUELLA PICCOLA CITTADINA, È CHE L'AMORE NON SE NE VA MAI: RESTA IN GIRO.

THE LOSS OF A PET
IS A HARD THING TO BEAR,
BUT THE MEMORIES AND LOVE
ARE ALWAYS THERE.

LA PERDITA DI UN ANIMALE DOMESTICO è
UNA COSA DIFFICILE DA SOPPORTARE, MA I
RICORDI E L'AMORE SONO SEMPRE Lì.

NO MATTER THE SORROW,
THE TEARS, OR THE PAIN.
LOVE'S EVERLASTING,
LIKE A GENTLE, SOFT RAIN.

NON IMPORTA IL DOLORE, LE LACRIME O IL DOLORE, L'AMORE È ETERNO, COME UNA PIOGGIA GENTILE E SOFFICE.

WITH JOY IN YOUR HEART,
AND A SMILE ON YOUR FACE,
CHERISH THE LOVE IN
EVERY PET'S EMBRACE.

CON LA GIOIA NEL CUORE E UN SORRISO
SUL VISO, CUSTODISCI L'AMORE
NELL'ABBRACCIO DI OGNI
ANIMALE DOMESTICO.

AND KNOW WHEN YOU LOSE,
A FURRY BEST FRIEND,
THE LOVE THAT YOU SHARED
WILL NEVER TRULY END.

E SAPPI CHE QUANDO PERDI UN MIGLIORE AMICO PELOSO, L'AMORE CHE HAI CONDIVISO NON FINIRÀ MAI VERAMENTE.

FOR IN THE STORY OF LIFE,
WITH ITS HIGHS AND ITS LOWS,
LOVE'S A RIVER THAT FOREVER
ONWARD FLOWS.

PERCHÉ NELLA STORIA DELLA VITA, CON I SUOI ALTI E BASSI, L'AMORE È UN FIUME CHE SCORRE PER SEMPRE.

SO LET'S CELEBRATE LIFE,
AND THE LOVE THAT WE SHARE,
WITH THOSE FURRY FRIENDS,
WHO SHOW US THEY CARE.

QUINDI CELEBRIAMO LA VITA E L'AMORE CHE CONDIVIDIAMO CON QUEGLI AMICI PELOSI CHE CI DIMOSTRANO CHE CI TENGONO.

AND NOW, IN OUR TOWN
BY THE STREAM SO SERENE,
LOVE SHINES EVEN BRIGHTER,
IT'S ALWAYS BEEN SEEN.
24/7

E ORA, NELLA NOSTRA CITTà VICINO AL
RUSCELLO COSì SERENA, L'AMORE BRILLA
ANCORA DI PIù, SI è SEMPRE VISTO.

SO HUG YOUR PET CLOSE,
GIVE THEM A BIG KISS,
FOR LOVE AND CONNECTION,
THERE'S NOTHING AMISS.

QUINDI ABBRACCIA STRETTO IL TUO ANIMALE DOMESTICO, DAGLI UN GRANDE BACIO, PER AMORE E CONNESSIONE, NON C'è NIENTE CHE NON VA.

WITH LOVE IN OUR HEARTS,
WE'LL NEVER FORGET,
THE PETS WE HAVE LOVED AND
THE JOY THAT THEY'VE MET.

CON L'AMORE NEI NOSTRI CUORI, NON DIMENTICHEREMO MAI GLI ANIMALI DOMESTICI CHE ABBIAMO AMATO E LA GIOIA CHE HANNO INCONTRATO.

IN THIS TALE OF LOVE,
IN THIS STORY'S FINESSE,
WE CHERISH OUR PETS,
FOREVER, NO LESS.

IN QUESTA STORIA D'AMORE, NELLA FINEZZA DI QUESTA STORIA, ABBIAMO A CUORE I NOSTRI ANIMALI DOMESTICI, PER SEMPRE, NIENTE DI MENO.

SWEET DREAMS, GOOD NIGHT!

SOGNI D'ORO
BUONA NOTTE!

NAME THE PETS
FOREVER IN YOUR HEART:

DAI UN NOME AGLI ANIMALI DOMESTICI PER SEMPRE NEL TUO CUORE:

AUTHOR BIO:
MARCY SCHAAF IS A DEDICATED AND COMPASSIONATE WRITER WHO HAS MADE IT HER MISSION TO HELP CHILDREN NAVIGATE THE COMPLEX AND EMOTIONAL JOURNEY OF COPING WITH THE LOSS OF A BELOVED PET. WITH A BACKGROUND IN CHILD PSYCHOLOGY AND A DEEP LOVE FOR STORYTELLING, MARCY BRINGS HER UNIQUE COMBINATION OF EXPERTISE AND CREATIVITY TO HER WORK.

HAVING WITNESSED THE PROFOUND IMPACT THAT THE LOSS OF A PET CAN HAVE ON CHILDREN, MARCY BELIEVES IN THE POWER OF STORYTELLING AS A WAY TO PROVIDE SOLACE, UNDERSTANDING, AND HEALING DURING DIFFICULT TIMES. THROUGH HER HEARTWARMING CHILDREN'S BOOKS, SHE STRIVES TO CREATE SAFE SPACES FOR CHILDREN TO PROCESS THEIR FEELINGS, LEARN ABOUT LOVE, LOSS, AND RESILIENCE, AND ULTIMATELY FIND COMFORT IN THE STORIES SHE WEAVES.

MARCY SCHAAF'S WRITING IS A TESTAMENT TO HER COMMITMENT TO MAKING A POSITIVE DIFFERENCE IN THE LIVES OF YOUNG READERS. HER BOOKS NOT ONLY ENTERTAIN BUT ALSO PROVIDE VALUABLE LIFE LESSONS AND A SENSE OF HOPE, ENSURING THAT CHILDREN CAN EMBARK ON THEIR OWN JOURNEYS OF HEALING AND GROWTH, EVEN IN THE FACE OF LOSS. WITH EACH STORY, MARCY HOPES TO INSPIRE EMPATHY, COURAGE, AND THE STRENGTH TO CHERISH THE MEMORIES OF THEIR FOREVER FRIENDS.

BIOGRAFIA DELL'AUTORE:
MARCY SCHAAF è UNA SCRITTRICE DEVOTA E COMPASSIONEVOLE CHE HA FATTO DELLA SUA MISSIONE AIUTARE I BAMBINI AD AFFRONTARE IL VIAGGIO COMPLESSO ED EMOTIVO CHE LI PORTA AD AFFRONTARE LA PERDITA DI UN AMATO ANIMALE DOMESTICO. CON UN BACKGROUND IN PSICOLOGIA INFANTILE E UN PROFONDO AMORE PER LA NARRAZIONE, MARCY PORTA LA SUA COMBINAZIONE UNICA DI COMPETENZA E CREATIVITà NEL SUO LAVORO.

AVENDO ASSISTITO AL PROFONDO IMPATTO CHE LA PERDITA DI UN ANIMALE DOMESTICO Può AVERE SUI BAMBINI, MARCY CREDE NEL POTERE DELLA NARRAZIONE COME UN MODO PER FORNIRE CONFORTO, COMPRENSIONE E GUARIGIONE NEI MOMENTI DIFFICILI. ATTRAVERSO I SUOI COMMOVENTI LIBRI PER BAMBINI, SI SFORZA DI CREARE SPAZI SICURI IN CUI I BAMBINI POSSANO ELABORARE I LORO SENTIMENTI, CONOSCERE L'AMORE, LA PERDITA E LA RESILIENZA E, INFINE, TROVARE CONFORTO NELLE STORIE CHE INTRECCIA.

GLI SCRITTI DI MARCY SCHAAF TESTIMONIANO IL SUO IMPEGNO NEL FARE UNA DIFFERENZA POSITIVA NELLA VITA DEI GIOVANI LETTORI. I SUOI LIBRI NON SOLO INTRATTENGONO, MA FORNISCONO ANCHE PREZIOSE LEZIONI DI VITA E UN SENSO DI SPERANZA, GARANTENDO CHE I BAMBINI POSSANO INTRAPRENDERE IL PROPRIO VIAGGIO DI GUARIGIONE E CRESCITA, ANCHE DI FRONTE ALLA PERDITA. CON OGNI STORIA, MARCY SPERA DI ISPIRARE EMPATIA, CORAGGIO E LA FORZA DI CUSTODIRE I RICORDI DEI LORO AMICI DI SEMPRE.